Bibliografische Information der Deutschen Nationalbibliothek:

Die Deutsche Bibliothek verzeichnet diese Publikation in der Deutschen National-
bibliografie; detaillierte bibliografische Daten sind im Internet über http://dnb.d-
nb.de/ abrufbar.

Impressum:

Copyright © 2017 GRIN Verlag, Open Publishing GmbH
Druck und Bindung: Books on Demand GmbH, Norderstedt Germany
ISBN: 9783668495111

Dieses Buch bei GRIN:

http://www.grin.com/de/e-book/371488/industrie-4-0

Jannik Gebbeken

Industrie 4.0

GRIN Verlag

GRIN - Your knowledge has value

Der GRIN Verlag publiziert seit 1998 wissenschaftliche Arbeiten von Studenten, Hochschullehrern und anderen Akademikern als eBook und gedrucktes Buch. Die Verlagswebsite www.grin.com ist die ideale Plattform zur Veröffentlichung von Hausarbeiten, Abschlussarbeiten, wissenschaftlichen Aufsätzen, Dissertationen und Fachbüchern.

Besuchen Sie uns im Internet:

http://www.grin.com/

http://www.facebook.com/grincom

http://www.twitter.com/grin_com

Gymnasium Haren

Schuljahr 2016/2017+

Kurs 11 Seminarfach 2

Industrie 4.0

Facharbeit im Seminarfach
vorgelegt von

Jannik Gebbeken

Inhaltsverzeichnis

1.   Einleitung

Einer Studie der deutschen Akademie der Technikwissenschaften zufolge hat die Bundesrepublik Deutschland die Rolle des weltweit führenden 'Fabrikausrüsters' inne.[1] Dieser essentielle Wettbewerbsvorteil resultiert aus dem sehr großen Know-How in den Bereichen Informationstechnologie (IT), Automatisierungstechnik und eingebetteten Systemen. Das von der Bundesregierung erklärte Ziel ist es nun, diese Führungsposition auszubauen und durch die Ausschöpfung von Potenzialen, die der Einzug der IT in die Herstellung industrieller Güter mit sich brachte, auch zukünftig eine Vorreiterrolle inne zu haben. Dabei entstand der durch die Bundesregierung geprägte Begriff „Industrie 4.0".[2] Studien des Bundesministeriums für Wirtschaft und Energie (BMWi) zufolge hatte die Industriebranche mit ihren 5,2 Millionen Beschäftigten im Jahr 2013 ein Umsatzvolumen von 1,6 Billionen Euro.[3] Die Branche hat durchaus hohe Erwartungen an die vierte Industrielle Revolution, so erwarten deutsche Unternehmen einer Umfrage der PwC (Pricewaterhouse Coopers Firmen) zufolge einen Anstieg der Umsätze um 30 Milliarden Euro. Außerdem gehen die befragten Unternehmen im Schnitt von einer Effizienzsteigerung von 3,3 % pro Jahr aus, das wäre dann bis 2020 eine Steigerung um circa 10%. Um diese doch sehr hoch gesteckten Erwartungen und Zielsetzungen der Unternehmen zu erfüllen, will die deutsche Bundesregierung Industrie 4.0 mit 40 Milliarden Euro jährlich subventionieren.[4]

Die zentralen Anliegen von Industrie 4.0 liegen mit dem „Internet der Dinge" in der völligen Vernetzung von Personen, Dingen und Maschinen. Durch diese Vernetzung sollen eine Vielzahl neuer Produkte und Dienste hervorgebracht werden. Produkte, Transportmittel oder Werkzeuge sollen untereinander selbst aushandeln, welche Produktionsmittel den nächsten Produktionsschritt am besten übernehmen könnten. Somit würde die virtuelle Welt also mit realen Objekten nahtlos verschmelzen.

Dieses „Zukunftsprojekt" der deutschen Bundesregierung stellt große Herausforderungen an die Industrie. Der stetig wachsende Bedarf an Informations- und Anwendungsbereitstellung ohne Zeitverzug („Real-Time-Economy"), der wachsende Anspruch an ressourceneffizientes, nachhaltiges Wirtschaften in Folge wachsenden Wettbewerbsdrucks[5] und eine unablässige

---

[1] vgl. Art. Abschlussbericht Industrie 4.0 (2013), in: acatech.de
[2] vgl. Art. BMWi Industrie 4.0, in bmwi.de
[3] vgl. Art. BMWi Industrie 4.0, in bmwi.de
[4] vgl. Art. Umfrage zum Thema Nutzenpotential von Industrie 4.0, in: PwC.de
[5] vgl. Art. "Die wichtigsten Fakten zur Real Time Economy", in MyBusinessFuture.de

Verschiebung der globalen Nachfrage in Richtung des asiatischen Raums sind nur wenige davon.[6]

Es sind ferner Markttrends zu beobachten, welche die Industrie in den kommenden zehn Jahren vor große Herausforderungen stellen werden. Im Rahmen dieser Arbeit sollen wesentliche, innovative Konzepte der Industrie 4.0 beleuchtet werden, die im Laufe des neuen industriellen Zeitalters sowohl essentielle Chancen, als auch signifikante Risiken für die Industrie mit sich bringen werden.

2   Historischer Kontext

Wie man unschwer am Namen Industrie 4.0 erkennen kann, gab es vor der nun ablaufenden vierten industriellen Revolution schon drei andere. Deshalb werde ich eine grobe historische Einordnung liefern.

Um 1750 begann die erste Industrielle Revolution durch die Entwicklung der Dampfmaschine. Mit Dampf angetriebene Maschinen ermöglichten die Verbesserung des Wohlstands in den Industrienationen und verringerten die Gefahr von Hungerkatastrophen. Dadurch, dass die Versorgungssituation besser war als in anderen Ländern, nahm die Bevölkerung im Vergleich mit anderen Ländern stark zu, und durch die neuen Möglichkeiten zur Lieferung der Güter durch ein besseres Transportsystem mit der Eisenbahn oder auch den Dampfschiffen wurde die Versorgung der Bevölkerung im Landesinnern immer besser. Gleichzeitig stieg die Produktivität in vielen Industriezweigen, da immer effizienter gewirtschaftet werden konnte.

Bedingt durch diese Revolution, reduzierte sich der Anteil der in der Landwirtschaft und dem Handwerk Beschäftigten und neue Bevölkerungsschichten, die der Fabrikbesitzer und der Fabrikarbeiterschaft, entstanden.

Man muss hier aber auch die andere Seite betrachten, zwar nahm der allgemeine Wohlstand zu, Fabrikarbeiter wurden jedoch in dieser Zeit massiv ausgebeutet, und auch die Kinderarbeit war ein großes Problem.[7]

Auch durch diese Missstände gab es beim Übergang von der ersten zur zweiten industriellen Revolution große Bürgeraufstände. Henry Ford war ein Vorreiter der zweiten industriellen Revolution. Er erfand das Fließband und die daraus resultierende arbeitsteilige Massenproduktion. Doch sie war nur mit den in der gleichen Zeitspanne aufkommenden Elektromotoren möglich. Endlich war ein wesentlich dezentraler Fabrikaufbau möglich, da nun jede Maschine ihren eigenen Motor besaß, anstelle einer zentralen Kraftmaschine.

---

[6] vgl. Art. "Weltwirtschaftliche Schwerpunktverschiebung nach Asien?", in giga-hamburg.de

[7] vgl. Bauernhansl, Industrie 4.0, S. 5

Durch diese Erfindung ist die industrielle Massenproduktion vor allem in Sparten wie dem Automobilbau oder der Elektroindustrie schnell vorangeschritten. Damit einhergehend entwickelte sich die Erkenntnis darüber, dass man die Fabrikarbeiter nicht ausnutzen darf, und es eine gerechte Verteilung der Güter geben muss. Infolgedessen wuchs die Bevölkerung immer weiter an. Aus dieser Zeit stammen die Grundzüge der Sozialdemokratie und kommunistische Ideen kamen auf.[8]

Das Wirtschaftswunder Anfang der 60er Jahre gab der dritten industriellen Revolution nach einer Unterbrechung durch zwei Weltkriege einen enormen Antrieb. In dieser Zeit wurden neue Technologien wie die Elektrotechnik, sowie später auch Informations- und Kommunikationstechnologien entwickelt und vorangetrieben. Durch diese Innovationen wurde eine immer weiter fortschreitende Automatisierung der Produktion möglich, die schließlich zu immer individuelleren Produkten führte.

In den 80er Jahren waren die Grundbedürfnisse der Menschen in Deutschland größtenteils gedeckt, sodass Kundenwünsche immer individueller wurden, und der Qualitätsanspruch an die Produkte wuchs. Außerdem wurde durch die voranschreitenden Informations- und Kommunikationstechnologien und dann später auch durch das Internet Wissen weltweit verfügbar, und der Weg für die Globalisierung wurde geebnet.[9]

Anders als von Volkswirten angenommen, entwickelte sich die Volkswirtschaft Deutschland nicht vollständig zu einer Dienstleistungsgesellschaft, sondern konnte den Anteil der Industrie am BIP im Gegensatz zu England oder den USA relativ hoch (bei circa 25%) halten. Viele Länder hielten dies für einen großen Fehler, und belächelten Deutschland für den nicht geschafften „Aufstieg" zur Dienstleistungsgesellschaft. Nach der Finanzmarktkrise 2007/08 jedoch änderten viele ihre Meinungen und erkannten Vorteile einer starken innerdeutschen Industrie.[10]

3   Zentrale Paradigmen von Industrie 4.0

Industrie 4.0 wird häufig völlig falsch verstanden, und häufig nur auf den Einsatz von neu entwickelten Technologien bezogen. Das ist jedoch eine unzulängliche Reduzierung, vielmehr bedeutet eine vernetzte Industrie die Zusammenführung bestehender Technologien. Die Herausforderung liegt hierbei vor allem auch in der optimalen Kombination dieser Technologien, um dann als einheitliche Gesamtlösung bestmöglichst zu funktionieren.[11]

---

[8] vgl. Bauernhansl, Industrie 4.0, S.6
[9] vgl. Bauernhansl, Industrie 4.0, S. 6f
[10] vgl. Bauernhansl, Industrie 4.0 Seite 7f
[11] vgl. Roth, Industrie 4.0, S.37

3.1 Paradigma 1: Vertikale und horizontale Integration

Vertikale Integration bedeutet, dass alle Systeme innerhalb eines Unternehmens in eine Hierarchie eingeordnet werden und Schnittstellen zum Austausch der Daten entstehen. Daten können hierbei auch zwischen den Hierarchieebenen ausgetauscht werden und nicht nur innerhalb einer Ebene. Um diese vertikale Integration möglichst effizient zu gestalten, ist eine möglichst einfache und einheitliche Mensch-Maschine-Kommunikation erforderlich. Um dies zu ermöglichen, muss gewährleistet werden, dass herstellerunabhängig alle Sensoren, Aktoren und eingebettete Systeme usw. miteinander verbunden werden können. Wenn dies gegeben ist, können alle Komponenten innerhalb der Produktion automatisiert Daten sammeln und dann durch die Cloud Computing Dienste auswerten. So kann die gesamte Produktion optimiert werden.[12]

Horizontale Integration bedeutet dagegen die Einbindung der verschiedenen Systeme der Kunden, Lieferanten oder anderen Standorten der Unternehmen. Sie können, wenn die horizontale Integration gelungen ist, Daten und Materialien übergreifend eingebunden werden. So können auch neue Komponenten leicht in das bestehende System eingebunden werden, solche Komponenten können zum Beispiel neue Rechenzentren (Cloud Computing) sein. Die Daten der horizontalen Integration ermöglichen es, die Steuerung und Planung der Produktion, im Bestfall in Echtzeit und angepasst auf individuelle Bedürfnisse der Firma, zu planen.[13]

Kommen die **horizontale und vertikale Integration** innerhalb eines Unternehmens zusammen, hat dieses Unternehmen einen großen Vorteil, da so die Produktionsprozesse von individuellen Wünsche der Kunden schneller und genauer an die Produktionsverhältnisse angepasst werden können. Die Produktion wäre dann in der Lage, sich in Echtzeit an die gegebenen Herausforderungen anzupassen.[14]

3.2 Paradigma 2: Dezentrale Intelligenz

Ohne **dezentrale Intelligenz** gibt es auch keine dezentrale Steuerung. Sie stellt eine Grundvoraussetzung für Industrie 4.0 dar, Produktionsmittel und -anlagen können ortsunabhängig angelegt werden.

Um dezentrale Intelligenz zu ermöglichen, braucht man zunächst Sensoren, Computersysteme beziehungsweise Cloud-Computing Dienste, sowie einen Internetzugang. Als wichtigster Faktor der smarten Fabrik werden die völlig autarken Sensoren oder auch die RFID-Chips

---

[12] vgl. Roth, Industrie 4.0, S.37f
[13] vgl. Roth, Industrie 4.0, S.38
[14] vgl. Roth, Industrie 4.0, S.38

gesehen, da sämtliche Informationen über die weiteren Produktionsschritte auf ihnen gespeichert werden.[15]

3.3   Paradigma 3: Dezentrale Steuerung

Eine dezentrale Produktion beinhaltet auch direkt eine **dezentrale Steuerung**, statt wie in der aktuellen Industrie noch aus starren ortsfesten Schaltschränken. Die in diesen starren Schaltschränken enthaltenen programmierbaren Steuerungen bekommen Daten von den Sensoren innerhalb der Produktion, die sie verarbeiten, um dann den Daten angemessene Aktionen folgen zu lassen. Dadurch, dass Schaltschrank und Maschine jedoch fest durch Kabel miteinander verbunden sind, ist ein flexibler Einsatz unmöglich. Kabel werden in der Industrie der Zukunft meist vermieden, und es wird auf zum Beispiel per WLAN vernetzte Anlagen gesetzt. Die Verlagerung der Rechenleistung ins Internet (siehe auch Cloud Computing Dienste) ermöglicht hierbei den flexiblen Einsatz der vorhandenen Rechenleistung.[16]

3.4   Paradigma 4: Durchgängiges digitales Engineering

Die digitale Abbildung des gesamten Produktionsprozesses nennt man **durchgängiges digitales Engineering**. Die reale und virtuelle Welt greifen nahtlos ineinander und die gesamte Planung der Produktion kann digital visualisiert werden.

Zum einen wird die gesamte Fabrik mit sämtlichen Ressourcen dargestellt. Durch Computerprogramme wird ein genaues Abbild erstellt, anhand dessen die Produktion geplant und animiert werden kann. Dieses Abbild nennt man virtuelle Fabrik. Durch Cloud Dienste reicht es aus, die Daten einmal einzupflegen, dann kann man sämtliche Faktoren simulieren, und Störfaktoren von vornherein aus eliminieren. Visualisiert wird diese virtuelle Fabrik zum Beispiel über Virtual oder Augmented Reality (siehe Kapitel Mensch-Maschine-Interaktion).[17]

3.5   Paradigma 5: Cyber-physisches Produktionssystem (CPPS)

Der Begriff **cyber-physisches Produktionssystem** beschreibt eine komplette Produktionsanlage nach dem Ansatz der Industrie 4.0, quasi eine Musteranlage. Ein CPPS besteht unter anderem aus Produktionssystemen, die über Sensoren und Aktoren Daten an Steuerungssysteme schicken, welche die Daten auswerten und dann zur Produktion zurückschicken. Außerdem werden die Daten direkt von der Maschine verwendet, um ihren eigenen Produktionsschritt zu optimieren.[18]

---

[15] vgl. Roth, Industrie 4.0, S.39
[16] vgl. Roth, Industrie 4.0, S.40
[17] vgl. Roth, Industrie 4.0, S.41f
[18] vgl. Roth, Industrie 4.0 S.42

Des weiteren umfasst das CPPS die Gesamtheit der Produktion nach dem Ansatz der Industrie 4.0. Systeme der unterschiedlichsten Hersteller werden hier so miteinander verknüpft, dass die Mitarbeiter über Mensch-Maschine Interaktion die Daten verwenden können, und die Produktion im Zusammenhang optimiert und getestet werden kann.[19]

4 Technologien im Detail erklärt

4.1 Datenerhebung und -verarbeitung in der industriellen Fertigung

4.1.1 Die Automatisierungspyramide der industriellen Fertigung

Die Automatisierungspyramide hat die Aufgabe, die Komplexität der industriellen Fertigung dadurch zu verringern, dass sie die Prozesse in einzelne Ebenen unterteilt. Dabei gibt es sechs Ebenen.[20]

4.1.1.1 Level 0: Prozessebene

Dies ist der unterste Teil in der Automatisierungspyramide, und umfasst die von RFID-Chips und intelligenten Produkten gelieferten Daten bezüglich Produkteigenschaften und anfallenden Produktionsschritten.[21]

4.1.1.2 Level 1: Feldebene

Diese Ebene ist die der Produktion. Die so genannte Feldebene beinhaltet Sensoren, (z.B. zur Messung der Temperatur), Lichtschranken und verschiedenste Regler.[22]

4.1.1.3 Level 2: Steuerungsebene

Diese Ebene umfasst Steuerungssysteme, und wertet die Daten der Sensoren aus der Feldebene aus. Sie gibt die ausgewerteten Ergebnisse an diese zurück. Aktoren setzen diese Signale dann um, und die elektrischen Signale werden dann z.B. durch Druckluft in eine mechanische Bewegung umgewandelt. Dadurch ist die Steuerungsebene ein wichtiger Faktor zur angestrebten Dezentralität.[23]

4.1.1.4 Level 2: (Prozess-) Leitebene

Diese Ebene ist vereinfacht die Mensch-Maschine Interaktion, da hier die aus der Steuerungsebene gewonnenen Ergebnisse und Erkenntnisse in für den Menschen verständliche Signale umgewandelt werden.[24]

---

[19] vgl. Roth, Industrie 4.0 S.42
[20] vgl. Roth, Industrie 4.0 S.49
[21] vgl. Roth, Industrie 4.0 S.49
[22] vgl. Roth, Industrie 4.0 S.50
[23] vgl. Roth, Industrie 4.0 S.50
[24] vgl. Roth, Industrie 4.0 S.50

4.1.1.5 Level 4: Betriebsebene

Das Manufacturing Execution System (MES) ist für die Steuerung der gesamten Produktionsanlage zuständig. Um verlässlich zu agieren, benötigt es die Daten aus der Betriebs-, Maschinen- und Personaldatenerfassung durch die Sensoren. Vor allem erfasst das MES die Daten aus der Produktion und gibt diese Daten an das Enterprise Resource Planning-System (ERP) weiter.[25]

4.1.1.6 Level 6: Unternehmensebene/ Topfloor

Das gerade angesprochene ERP plant auf Grundlage des MES die zukünftige Produktion und die Anzahl der dafür benötigten Güter, und bestellt diese sogar.[26]

4.1.2 Radio Frequency Identification-Chip (RFID-Chip)

RFID-Chips stellen eines der wichtigsten Elemente zur Identifikation innerhalb der smarten Fabrik dar. Auf diesen Chips können sämtliche Daten gespeichert werden, die dann von einem sogenannten Transponder ausgelesen werden. Sie können auf eine Reichweite von bis zu 30 Metern miteinander kommunizieren. Vorteile liegen dabei unter anderem darin, dass RFID-Chips sehr kostengünstig (0,5-1€) hergestellt werden können, und sie keine eigene Stromversorgung benötigen. Um Informationen auf ihnen zu speichern, werden sie lediglich mit einem Hochfrequenzsignal aus dem Transponder bestrahlt, und per Induktion wird ihm die benötigte Energie übertragen. Bezüglich Anwendungsbereichen sind nahezu keine Grenzen gesetzt. Um einige zu nennen, ist mit ihnen beispielsweise die Autorisierung, Identifizierung oder auch Lokalisierung möglich.

Auf Industrie 4.0 bezogen bieten sie den Vorteil, dass zum Beispiel jedes Werkstück mit einem RFID-Chip ausgestattet werden kann, auf dem sämtliche Informationen für die bestimmung dieses Werkstücks gespeichert werden. Jedes Produktionsmittel innerhalb der Produktion, beispielsweise die Lackierung kann nun durch einen Transponder die auf dem Chip gespeicherten Daten, wie die vom Kunden individuell gewählte Farbe, abrufen. Außerdem kennt der Produktionsleiter der Fabrik den Standort des Werkstücks, sobald es sich mit einem Transponder verbunden hat. Falls es irgendwo in der Fabrik zu einem Fehler kommen sollte, können diese so einfacher und vom Bürotisch aus erkannt werden.[27]

4.1.3 Cloud Computing

Cloud Computing nennt man einen Dienst, der die Datenerhebung und -verarbeitung über das Internet ermöglicht. Damit kann dann eine offene Kommunikation trotz der verschiedenen Systeme zur Automatisierung über Systemgrenzen hinweg realisiert werden.

---

[25] vgl. Roth, Industrie 4.0 S.50
[26] vgl. Roth, Industrie 4.0 S.50
[27] vgl. Roth, Industrie 4.0, S.51ff

Doch was genau bedeutet das eigentlich konkret für ein Unternehmen? Zunächst muss sich nun nicht mehr die gesamte IT-Infrastruktur, bestehend aus Servern, Computern usw. im Unternehmen befinden, sondern kann, geographisch unabhängig, frei bei einem externen Anbieter angesiedelt werden. Das ausgelagerte System wird Cloud genannt, und dient in Zukunft als Verbindungsstück zwischen den Sensoren, die an jedem Werkstück, an jeder Maschine alles messen, der CPU, den Betriebssystemen und den Netzwerken. Damit all diese Dinge untereinander ihre Daten austauschen können, ist das Cloud Computing ein wichtiger Faktor in der nächsten industriellen Revolution. Die Ursprünge des Cloud Computings liegen im sogenannten Hosting. Beim Hosting gab es im Gegensatz zu heute dedizierte Server, also pro Anwendungsfall auch immer einen Server. Weitere Unterschiede bestehen darin, dass Cloud Computing wesentlich weniger Systemausfälle zu verzeichnen hat und Ressourcen wesentlich flexibler genutzt werden können. Auch die Gefahr eines Datenverlustes ist hierbei geringer, da Daten immer gleich an mehreren Orten gespeichert sind, sollte es also einmal zu einem Ausfall kommen, ist dieser einfacher zu kompensieren. Des weiteren können, falls benötigt, durch die dezentrale Lage der Server einfach weitere Speicherressourcen hinzugefügt werden, während man beim Hosting stets manuell die Hardware, also hier zum Beispiel eine Festplatte, austauschen musste. Außerdem ist dieses System durch seine Flexibilität wesentlich kostengünstiger, da hier oftmals nach "Pay per Use" abgerechnet wird, also werden auch nur die Ressourcen berechnet, die benötigt werden.

Außerdem findet Cloud Computing noch Anwendung in anderen Bereichen in der Fabrik. Um nicht an jeder Steuereinheit sehr kostenaufwändige PCs einsetzen zu müssen, können kleine, recht leistungsschwache Client PCs verwendet werden. Um trotzdem rechenintensive Arbeiten wie komplexe Simulationen zu ermöglichen, werden diese Client PCs von der Cloud unterstützt. Da in der Cloud wie in jedem PC auch sämtliche Komponenten wie Grafikkarte, Prozessor und ähnliches verbaut wurden, können diese Aufgaben von der Cloud wesentlich effizienter und schneller durchgeführt werden. Weiterhin wird es möglich sein, bestimmte Anwendungen für einen bestimmten Anwendungsfall einzusetzen. Dabei holen sich diese Programme stets aktuell alle erforderlichen Daten aus der Cloud, die vorher von den Sensoren in diese eingepflegt wurden.

Zusammengefasst also kann man Cloud Computing beschreiben als eine Technologie, die Online Speicher- und Rechenkapazitäten bereitstellt. Bisher ist Cloud Computing in deutschen Unternehmen nicht besonders verbreitet. Nur knapp 50% der Unternehmen setzen momentan Cloud Computing ein, obwohl dies einen wichtigen Grundpfeiler von Industrie 4.0 darstellt.[28]

4.1.4 Big Data-Dienste

Der Begriff Big Data bedeutet eine Datensammlung, die im Bezug auf Menge, Heterogenität der Daten sowie Häufigkeit der anfallenden Daten über ein normales Maß hinausgeht. In unserem vernetzten Zeitalter werden über Cloud Computing (siehe 4.1.3), Soziale Netzwerke und das Internet der Dinge bereits riesige Datenmengen übertragen. Sekündlich wurden 2012 bereits im Schnitt Daten von 2.873 Exabyte übertragen, und bereits bis 2016 sollte diese Zahl auf 8.591 Exabyte ansteigen. Um sich etwas unter einem Exabyte vorstellen zu können, muss man wissen, dass ein Exabyte einer Milliarde Gigabyte beziehungsweise einer Millionen Terabyte an Daten entspricht.[29]

Im Bezug auf Industrie 4.0 bedeuten Big Data-Dienste die Verdichtung und Aufbereitung von großen Datenmengen, die beispielsweise ein Sensor erhebt. Diese Verarbeitung und Aufbereitung erfolgt dabei durch automatisierte Algorithmen. Die Zielsetzung liegt hierbei darin, dass das Unternehmen aufgrund dieser Daten betriebswirtschaftlich relevante Aussagen treffen können soll.[30]

4.1.5 Analytics-Dienste

Zusätzlich zu den Big Data-Diensten werten die Analytics-Dienste die Daten aus. Dabei werden die Ergebnisse der Auswertung über die Cloud an die cyber-phychischen Produktionssysteme (CPPS) gesendet, um den Unternehmen Anhaltspunkte zur Optimierung der Produktion oder der Qualität der Endprodukte zu geben. Außerdem können verschiedenste Daten von den Big-Data beziehungsweise Analytics-Diensten gesammelten werden, so auch die Zufriedenheit der Kunden.

Visualisiert werden diese Daten in Dashboards oder Apps, und das Ziel der Darstellung aller möglichen Daten ist es, zukünftige Fehler an Maschinen oder Anlagen vorherzusagen, und somit schon von vornherein zu beheben.[31]

4.2 Maschine-Maschine-Kommunikation (M2M)

Als Maschine-zu-Maschine Kommunikation bezeichnet man den automatischen Informationsaustausch zwischen Maschinen und Geräten. Dieser Informationsaustausch wird durch die Cloud Computing und Big Data- und Analytics-Dienste gewährleistet.[32]

---

[28] vgl. Roth, Industrie 4.0 S.54-56
[29] vgl. Roth, Industrie 4.0 S.56f
[30] vgl. Roth, Industrie 4.0 S.64
[31] vgl. Roth, Industrie 4.0 S.58f
[32] vgl. Roth, Industrie 4.0 S.59

Das Ziel von Industrie 4.0 ist es, alle Produktionsfaktoren und IT-Systeme zu einem smarten, Daten sammelnden und verarbeitendem Netzwerk zusammenzufügen. Auch die bereits angesprochene Dezentralität spielt hierbei eine große Rolle, da die vielen benötigten Steuerungselemente dezentral über das Netzwerk angesprochen werden können. Um diese Intelligenz zu ermöglichen, muss jedoch die gesamte Produktion mit halbwegs intelligenten Netzwerkkomponenten ausgestattet sein.[33]

4.3 Mensch-Maschine-Interaktion (MMI)

4.3.1 Mensch-Maschine-Interaktion in der Industrie 4.0

Produktionsanlagen werden in Zukunft stets komplexer und es wird immer schwieriger, diese zentral zu steuern. Genau hier soll Industrie 4.0 ansetzen und sämtliche Daten in einer zentralen Schnittstelle zusammenführen. Wie schon eingangs erklärt, setzt Industrie 4.0 immer noch auf den Menschen als letzte Entscheidungsinstanz. Produktionsanlagen werden also in Zukunft nicht zu Geisterhallen, sondern binden den Menschen direkt als auch indirekt in die Steuerung ein. Sämtliche Daten, die in der Produktion erhoben werden, werden in der Cloud aufbereitet, und dann durch den Menschen entsprechend erklärt. Der Mensch erkennt vorhandene Probleme, denn dies kann er deutlich besser als die Maschine selbst. Er gibt den sich selbst organisierenden Produktionsprozessen ihre Steuerung vor, und überwacht ob sie wie angegeben ausgeführt wird. Statt traditionellen ortsgebunden Arbeitsplätzen zielt Industrie 4.0 auf mobile Systeme zur Überwachung, Steuerung und Entscheidung innerhalb der Produktion ab. Somit wird der Mensch innerhalb dieser flexiblen Produktion selbst zum flexibelsten Faktor, um Probleme schnellstmöglichst zu beheben, und schnelle Entscheidungen zu treffen. Im Anschluss werde ich die zukünftigen Schnittstellen mit den Daten aus der Cloud aufzeigen, denn grade Technologien wie Virtual Reality (VR) oder Augmented Reality (AR) werden die Arbeit in Zukunft gut ergänzen und erleichtern.[34]

4.3.2 Virtual Reality (VR)

Eine der größten Herausforderungen in der Industrie 4.0 liegt darin, all die gesammelten Daten angemessen und leicht verständlich aufzubereiten und geeignete Schnittstellen zwischen der Produktion und dem Menschen zu schaffen. VR könnte sich neben AR zu einer der vielfältigsten und umfassendsten aller Schnittstellen entwickeln.[35]

---

[33] vgl. Roth, Industrie 4.0 S.59f
[34] vgl. Roth, Industrie 4.0 S.63 f
[35] vgl. Roth, Industrie 4.0 S.64 f

4.3.2.1 Technologische Grundlagen

VR bedeutet die Abbildung einer anderen, einer virtuellen Realität, die alle menschlichen Sinne beeinflusst. So soll sich der Mensch durch diese Täuschungen fühlen, als sei die virtuelle Realität tatsächlich die reale Welt.

Die visuelle Abbildung dieser Realität erfolgt durch das 3D- Verfahren. 3D funktioniert durch die zweifache Abbildung eines Objektes, bei dem jede Abbildung den Blickwinkel des jeweiligen Auges darstellt. Das Gehirn setzt diese beiden Bilder dann zu einem dreidimensionalen Bild zusammen. So ist der Betrachter in der Lage, die Breite, die Höhe und im Gegensatz zum 2D-Verfahren auch die räumliche Tiefe wahrzunehmen.[36]

4.3.2.2 Anwendungsbereiche

VR wird bereits in verschiedensten Branchen, so zum Beispiel in der Unterhaltungselektronik, Wehrtechnik oder Architektur eingesetzt, um nur einige zu nennen. Des weiteren kann sie zur Simulation von Produktionsanlagen oder zur Planung genutzt werden. Vorteile einer solchen Technologie sind vor allem, das durch die Möglichkeit der Simulation angefertigte Planungen in einer virtuellen Realität dreidimensional abgebildet werden können, statt sie nur am PC-Bildschirm zu sehen. So sind Fehler wesentlich weniger wahrscheinlich.[37]

4.3.3 Augmented Reality (AR)

AR erweitert die Realität um zusätzliche Informationen, statt wie die VR eine neue, virtuelle Realität zu erschaffen. Hier eingesetzte Technologien sind zum Beispiel Navigations- und Ortungstechnik oder auch die Bilderkennung.[38] Im deutschen Sprachgebrauch bezeichnet man mit Augmented Reality die erweiterte Realität.

4.3.3.1 Technologische Grundlagen

Will man dieses komplexe System einfach erklären, so kann man es am besten in drei Teile Gliedern. So gehört zum einen die Darstellung virtueller vom Computer berechneter Objekte mithilfe eines 3D-Programms durch ein Display, zum Beispiel eine Datenbrille zum Teilbereich Darstellung. Damit diese Objekte fest im Raum bleiben, auch wenn der Träger der Brille sich durch den Raum bewegt, muss die Position und Rotation des eigenen Körpers, insbesonderer des Kopfes in sämtliche Richtungen (horizontal, vertikal) exakt nachvollzogen werden. Außerdem müssen Objekte im Raum erkannt werden, damit ihnen Informationen hinzugefügt werden können. Eine weitere Unterteilung des Teilbereichs Tracking muss jedoch vorgenommen werden, zum einen in den Bereich des visuellen (optischen) Trackings

---

[36] vgl. Roth, Industrie 4.0 S.65
[37] vgl. Roth, Industrie 4.0 S.66
[38] vgl. Roth, Industrie 4.0 S.67

13

durch Kameras und zum anderen in das nicht visuelle Tracking durch gyroskopische Sensoren oder GPS. [39]

4.3.3.2 Mögliche Anwendungsbereiche

Für eine bessere Verständlichkeit werde ich diesen Bereich einmal in den Bereich des privaten und industriellen Gebrauchs gliedern.

Für den privaten Bereich ist AR vor allem für Anwendungen wie Navigation geeignet. Es wird möglich sein, dass wenn ein Träger einer solchen AR Brille durch eine Straße fährt, er neben den Geschäften direkt Informationen zu Öffnungszeiten oder ähnlichen angezeigt bekommt. Außerdem könnte man neben historischen Gebäuden Daten wie Erbauungsdatum visuell darstellen. Auch in der privaten Unterhaltungselektronik könnte AR schon bald eine große Rolle spielen. So gibt es seit kurzem eine Datenbrille, eigens entwickelt von Microsoft, die HoloLens. Mit ihr ist es bereits möglich, ein Spiel zu spielen, bei dem man Steine und Klötzchen stapelt. Auch wenn es bis hier nicht nach einer bahnbrechenden Entwicklung klingt, so fügt AR hinzu, was vorher nicht möglich war. So kann man diese Klötze auch auf dem Fußboden stapeln, und sieht sie durch die HoloLens animiert. Geht man nun durch das Zimmer, so kann man seinen Turm aus Klötzen in 3D betrachten. Geht man aus dem Zimmer und kommt nach einiger Zeit wieder, so steht der Turm immer noch an genau der gleichen Stelle wie vorher.[40]

Doch vor allem im industriellen Bereich macht AR richtig Sinn. Im Bereich der Wartung und Instandhaltung zum Beispiel, kann dem Mechaniker stets eingeblendet werden, was genau er mit welchem Werkzeug an welchem Bauteil zu tun hat. Des weiteren setzt zum Beispiel das Versandhaus Amazon Inc. die Datenbrille Google Glass ein, um im großen Lagerhallen von Amazon das Suchen von Artikeln zu vereinfachen.[41] Dazu muss man wissen, dass Amazon auf ein chaotisches Lagersystem setzt, bei dem jeder Artikel den Platz zugewiesen bekommt, der die kürzeste Distanz bedeutet. So kann es vorkommen, dass ein Buch den Lagerplatz direkt neben einem Fußball oder einem Handy zugewiesen bekommt. Hier hat nur der Computer den Durchblick, wo welcher Artikel liegt.[42] Hier werden sogenannte Picker eingesetzt, die alle Produkte einer Bestellung einsammeln. Tragen sie eine Datenbrille mit AR, so kann ihnen der Computer immer einblenden, durch welchen Gang sie am schnellsten zum gesuchten Artikel kommen, und wo er liegt. Außerdem können Menge und Artikelnummer direkt eingeblendet werden, und der Picker braucht den eingesammelten

---

[39] vgl. Roth, Industrie 4.0 S.67f.
[40] vgl . "Minecraft für HoloLens: Microsoft baut Hologramm-Klötzchen auf der HoloLens", in curved.de
[41] vgl. Roth, Industrie 4.0 S.68
[42] vgl. Art. "Mit Amazon durchs Chaos-Lager - SSI SCHÄFER Blog.", in ssi-schaefer.de

Artikel nicht extra scannen, sondern die Datenbrille erkennt den Artikel, und führt ihn dann als 'eingesammelt' im System.[43]

4.4 Fazit: Mensch-Maschine Kommunikation

In der smarten Fabrik reicht es nicht aus, alle möglichen Daten zu erheben und zu sammeln. Um einen echten Nutzen zu generieren, ist es notwendig, auch mit der Maschine interagieren bzw. kommunizieren zu können. Deshalb müssen weltweit einheitliche Standards geschaffen werden, um Schnittstellen offen zu gestalten, so dass verschiedene Systeme nicht zum Beispiel je eine einzelne kompatible Datenbrille haben, sondern dass eine Datenbrille auf Daten sämtlicher Produktionsmittel zugreifen kann. Die Rolle des Menschen liegt also vor allem in der letzten Entscheidungsinstanz. Dabei nutzt er als Basis seiner Entscheidung die von Big Data- und Analytics-Diensten gesammelten Daten. Nur wenn eine angemessene Mensch-Maschine-Interaktion möglich ist, kann ein reibungsloser Produktionsablauf garantiert werden.

5 Fazit

Was bedeuten die oben beschriebenen Komponenten und Ansätze von Industrie 4.0 nun für die Industriebranche? Werden die genannten Paradigmen befolgt und wird eine neue Produktionsanlage nach dem Industrie 4.0-Schema geplant und aufgebaut, so stellt dies für das Unternehmen zunächst einmal einen enormen Kostenaufwand dar, denn vorher nie da gewesene Infrastrukturen wie Netzwerktechniken werden benötigt. Auf lange Sicht hingegen wird sich eine solch smarte Produktion für das Unternehmen rentieren, da bisher verwendete Infrastrukturen wie große, starre Schaltschränke wegfallen, und durch externe Anbieter ersetzt werden (siehe Cloud-Computing). Besonders die Tatsache, dass hier nach Pay-Per-Use benötigte Rechenleistung so berechnet wird, wie sie auch benötigt wird, bietet aus ökonomischer Sicht einen großen Vorteil. Des weiteren erkennen Maschinen Produktionsfehler selbst und können so Alarm schlagen, sobald etwas in der Produktion falsch läuft. Somit können teure Produktionsausfälle von vornherein vermieden werden, bzw. rechtzeitig Vorsorgemaßnahmen getroffen werden um das angestrebte Produktionsziel zu erreichen.

Sorgt Industrie 4.0 für eine gläserne Industrie? Durch die komplett vernetzte Industrie wird es in Zukunft sehr wichtig sein, leistungsstarke Virenabwehr-Programme zu besitzen, die einen Angriff auf die Produktion verhindern. Dabei muss jedoch auch der Datenschutz der Kunden gewährleistet werden, da die Unternehmen in der Lage sind personenbezogene Daten über die Nutzung ihrer Dienste zu erheben. Beim Cloud Computing liegen diese Daten genauso wie

---

[43] vgl. Roth, Industrie 4.0 S.69

sämtliche andere Daten des Unternehmens auf Speichermedien bei externen Anbietern, die diese natürlich auch für eigene Zwecke missbrauchen könnten, ohne dass die Kunden davon etwas merken.[44]

Außerdem könnte dieser externe Anbieter das Know-How des Unternehmens im Bezug auf seine Produkte theoretisch an einen Mitbewerber des Unternehmens verkaufen. Würde dies geschehen, wäre der Schaden für das Unternehmen enorm groß, da so leicht Plagiate produziert werden könnten.

Industrie 4.0 bedeutet nicht nur eine „digitale Transformation, sondern gleichzeitig ein Kulturwandel innerhalb einer Organisation"[45] und das setzt professionelle Planung und Steuerung voraus. Die Akzeptanz in dem Bewusstsein der Menschen hängt letztlich an den Problemen der Kunden, woran sich das Unternehmen im Bezug auf Umstellungsmaßnahmen zu orientieren hat um rentabel wirtschaften zu können.

---

[44] vgl. Roth, Industrie 4.0, S. 255
[45] Roth, Industrie 4.0, S.259

6 Quellenverzeichnis

6.1 Literaturverzeichnis

1. Roth, Industrie 4.0 = Roth, Armin, Einführung und Umsetzung von Industrie 4.0, Springer Gabler 2016

2. Bauernhansl, Industrie 4.0 = Thomas Bauernhansl, Michael ten Hompel, Birgit Vogel-Heuser (Hrsg.), Industrie 4.0 in Produktion, Automatisierung und Logistik, Springer Verlag 2014

6.2 Internetquellen

1. Art. "Die wichtigsten Fakten zur Real Time Economy", in MyBusinessFuture.de = https://mybusinessfuture.com/real-time-economy/. Zuletzt Aufgerufen am 30 März. 2017.

2. Art. BMWi Industrie 4.0, in bmwi.de = http://www.bmwi.de/Navigation/DE/Home/home.html. Zuletzt Abgerufen am 23. März 2017

3. Art. "Minecraft für HoloLens: Microsoft baut Hologramm-Klötzchen auf der HoloLens", in curved.de = https://curved.de/news/minecraft-fuer-hololens-microsoft-baut-hologramm-kloetzchen-auf-der-e3-2015-266750. Zuletzt Aufgerufen am 29 März. 2017.

4. Art. "Mit Amazon durchs Chaos-Lager - SSI SCHÄFER Blog." 18 Mai. 2011 = http://www.ssi-schaefer.de/blog/kommissionieren/chaotische-lagerung-amazon/. Zuletzt Aufgerufen am 29 März. 2017.

5. Art. Umfrage zum Thema Nutzenpotential von Industrie 4.0 vom PwC = https://www.pwc.de/de/digitale-transformation/pwc-studie-industrie-4-0-steht-vor-dem-durchbruch.html. Zuletzt Abgerufen am 04. April 2017.

6. Art. "Weltwirtschaftliche Schwerpunktverschiebung nach Asien?." = https://www.giga-hamburg.de/de/system/files/publications/gf_global_0802.pdf. Zuletzt Aufgerufen am 30 März. 2017.

BEI GRIN MACHT SICH IHR WISSEN BEZAHLT

- Wir veröffentlichen Ihre Hausarbeit,
  Bachelor- und Masterarbeit

- Ihr eigenes eBook und Buch -
  weltweit in allen wichtigen Shops

- Verdienen Sie an jedem Verkauf

Jetzt bei www.GRIN.com hochladen und kostenlos publizieren